AF332704

CATALOGUE
D'ESTAMPES
ANCIENNES ET MODERNES,

Dont la Vente se fera au plus Offrant & dernier Encherisseur, le Lundy 15 Fevrier 1734. & jours suivans, à deux heures de relevée, à l'Hostel de Longueville, ruë Saint Thomas du Louvre:

A PARIS,

Chez PIERRE PRAULT, Imprimeur des Fermes du Roy, Quay de Gêvres, au Paradis, & à la Croix blanche.

M. DCC. XXXIV.

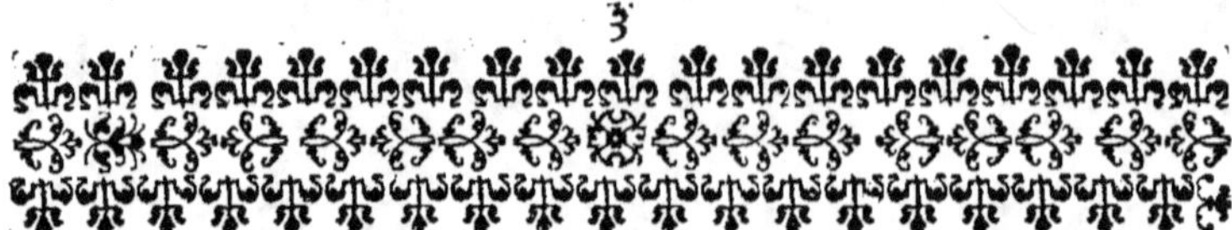

CATALOGUE
D'ESTAMPES
ANCIENNES ET MODERNES.

Dont la Vente se fera au plus Offrant & dernier Encherisseur, le Lundy 15 Fevrier 1734. & jours suivans, à deux heures de rélevée, à l'Hôtel de Longueville, ruë Saint Thomas du Louvre.

ESTAMPES EN LIVRES RELIEZ.

N° 1 { Habits de diverses Nations des quatre parties du Monde, impr. en Allemagne par Michel Colyn, in folio, 80. feüilles doubles.

2 { Recüeil des Animaux à quatre pieds, par Antoine Tempeste, in 4°. 100. Pieces

3 { Gallerie d'Ulysse, par Theod. Van Thulden, in 4°. 58. Pieces.

4 { Gallerie Farneze, d'Annibal Carache; gravée par le Févre, L. de Chastillon & autres, in fol. 27. Pieces, & 11. petites Pieces du même, qui y sont jointes.

5 { Le Cabinet des Beaux Arts, par differens Graveurs; avec le Discours, in 4°. obl. G. P. 14. Pieces.

6 { Les Arts Liberaux, de l'Invention de S. Bourdon, in fol. grand papier, 14. Pieces.

7 { Statuës antiques de Rome, par Franç. Perrier, in fol. 100. Pieces.
{ Bas-Reliefs antiques de Rome, par le même, in fol. obl. 50. Feüilles.

8 { Cris d'Annibal Carache, gravés à Rome par J. M. Mittelli, in fol. 40. Pieces.

A ij

4

9 { Livre d'Architecture de Jacques Androüet du Cerceau; avec ses Plans, ceux d'Optique & des Arcs de
Triomphe, qui sont ensuite. in fol. gr. pap. 110. Planches.

10 { Oeuvre d'Architecture de Jean Marot, Pere & fils,
avec la Table, in fol. 176. Planches, dont partie de 2.
3. & 4. Feüilles.

11 { Plans des Palais de Genes, anciens & modernes, en
1652. recüeillis & dessinés par Pierre-Paul Rubens, in
fol. grand papier 134. feüilles.

ESTAMPES SUR GRAND PAPIER
dans des Volumes reliés.

12 { Collection de l'Oeuvre de Jacques Callot, sur differens sujets, en Pieces de toutes grandeurs, au nombre
de 1206. d'ancienne Epreuve.

13 { *Idem.* de l'Oeuvre des Visscher; Portraits, Sujets &
Paysages, 60. Pieces.

14 { Oeuvre de Robert Nanteüil, en deux volumes, dont
un Porte-feüille de 79. demi-feüilles de papier à l'Aigle;
le tout contenant 293. pieces.

15 {
Un gros Volume d'Estampes sur differens sujets;
Sçavoir,
Gallerie d'Ulysse, de Van Thulden, 58. pieces.
De l'Oeuvre du Titien, & de Paul Veronese, gr.
par le Fébvre, de Venise, 61. pieces.
Monumens de Rome; Ant. Lafrerii, année 1531. &
suivantes, 66. pieces.
Emblêmes, &c. 131. pieces.
Clair-obscur, 19. pieces.
Cylindres, 10. pieces.

ESTAMPES COLLE'ES SUR GRAND PAPIER
à l'Aigle, & du Nom de Jesus.

16 { Stephanus; sa Genese, & quelques Frises, 60. pieces.
Sujets & Vases, d'Augustin Venitien, 11. pieces.

17 { Apôtres, &c. par Bellange, 17. pieces.
Vie de Notre-Seigneur, par Jac. Parrocel, 23. pieces.
Peres de l'Eglise & Sujets, par Th. de Leu, 10. piec.

18 { Vie de Saint Jean-Baptiste, & autres sujets, d'André Del Sarte, gravés par Theod. Cruger, 11. pieces.

19 { La grande Passion & l'Apocalypse, d'Albert Durer, gravés en bois, 26. pieces.

20 { Collection de l'Oeuvre de Marc-Antoine, en 42. pieces, partie de son invention, & partie gravées d'après Raphaël & Baccio Bandinelli.

21 { Collection de l'Oeuvre de Raphaël, dont partie gravée par Marc-Antoine (sans marque) le surplus par Aug. Venitien, Silv. de Ravenne, Ch. Mantuan, Corn. Cort, & autres Graveurs anciens, 39. pieces.

22 { *Idem.* en grands Sujets & Pieces, gravés à Rome par Ph. Thomassin, Carle Maratte, Scalberge, Corn. Bloëmart, Ciamberlanus, &c. 28. pieces.

23 { *Idem.* de Pieces gravées, tant à Rome qu'à Paris, par Villamene, G. Audran, Wibert, & autres, 57. pieces.

24 { L'Histoire Sacrée, peinte dans le Vatican par Raphaël, gravée à Rome par Nicolas Chapron, 52. pieces.

25 { La Fable de l'Amour & Psiché, de Raphaël, impr. par Ant. Sal, 32. pieces.

26 { Statuës diverses, du dessein de Michel-Ange, gravées par Adam Mantuan, 78. pieces.

27 { Differens Sujets de Jules Romain, gravés par G. Mantuan, Diana Mantoana, Pietro Sante, &c. 10. pieces.

28 { *Idem.* & Portraits du Titien, gravés par Corn. Cort, L. Kilian, R. de Voërst, Joach. Sandrart, & autres, seize pieces.

29 Sujets & Vases antiques, d'Æneas Vicus. 20. pieces.

30 { Grandes Pieces de Corn. Cort; les unes de son invention, d'autres d'après Fred. Zuccaro, Hier. Mucian, le Baroche & Marcellus Venustus, 8. pieces.

31 { Divers Sujets de Hemskerk & Jacques de Ghein, 13. pieces.
Idem. de G. Mantuan, gravés par lui-même, J. B. Mantuan, Diana Mantoana, Fred. Zuccaro, &c. 7. piec.

32 { Collection de l'Oeuvre de Polydore Caravage; contenant 49. pieces, gravées par lui-même, & par Cherubin Albert, Corn. Cort, H. Goltzius, &c.

33 { Sujets du Correge, gr. par lui-même, & par F. Brictio, Jac. M. Jovannino, Gasp. Duchange, &c. 7. pieces.

34 { *Idem.* Du Parmesan, gravés par lui-même, & par Æneas Vicus, Corn. Bloëmart, Bolswert, & autres, 16. pieces.

35 { *Idem.* des Caraches, gravés par eux-mêmes, & par P. de Po, Ben. Fariat, Bloteling, du Bosc, & autres ; y compris le Crucifiement de Tintoret, & une Piece gravée d'après le Correge, 10. pieces.

36 { Collection de l'Oeuvre de Fr. Villamene, en Sujets par lui gravés, tant de son invention, que d'après Raphaël, & autres Grands Maîtres, contenant 116. pieces.

37 { Collection de l'Oeuvre de Jean Saënredam, contenant 76. pieces, partie de son invention, le reste gravé d'après Goltzius, Polydore, Cor. Cornelis, Mandere & autres.

38 { *Idem.* de l'Oeuvre d'Abrah. & Corn. Bloëmart, en sujets, Paysages & Portraits, 90. pieces.

39 { *Idem.* de l'Oeuvre de Henry Goltzius, en Sujets de son invention, la plûpart gravés par lui-même ; le surplus par J. Muller, Mathan, & autres, contenant soixante & une pieces.

40 { *Idem.* de Swanenburg ; Sujets & Portraits, tant de son invention, que d'après differens Maîtres, vingt-six pieces.

41 { *Iden*, de Jean & Herman Muller ; Sujets en tout genre ; au nombre de trente-neuf pieces.

42 *Idem*, de Barth. Sprangers, en differens sujets, dix-huit p.

43 { *Idem*, de Mathan ; Sujets & Portraits d'après Josepin, Corn. Cornelis, Valerianus & autres, vingt-cinq pieces.

44 { Collection de l'Oeuvre de Mathieu, Frederic, & Jean Frederic Greuter ; en Sujets, pour la plus grande partie de leur invention, 74. Pieces.

Deux Porte-Feüils, qui contiennent la Collection de l'Oeuvre de P. Paul Rubens, en Sujets gravés par L. Vorsterman, R. Van. Orley, S. & Boëce à Bolswert, P. Ponce, H. Snyers, H. Witouch, Adrian Lommelin, M. Vanden Eynden, J. Neefs, & autres Graveurs du temps ; la plûpart très-grandes pieces, au nombre de 84. Sçavoir,

45 Le premier Porte-feüil, 44. Pieces.

46 Le deuxiéme, 40. Pieces.

47 { Collection de l'Œuvre de Vandych, en grands, moyens, petits Portraits, gravés par lui-même & par differens Graveurs; contenant, avec les Sujets qui y font joints 276. Pieces.

48 { *Idem*, de l'Œuvre de Gilles, Jean & Raphaël Sadler, tant en Sujets qu'en Portraits, 52. Pieces.

49 { Sujets d'après le Pouſſin, Gravés par Jean Baronius, Natalis, Jean Pefne, G. Audran, B. Picart, D. Beauvais, avec fon Portrait, par Ferdinand, 12. Pieces.

50 Apoſtres de Jacques de Ghein, 13. Pieces.

51 Vierges & Sujets, par Fr. & Nic. Poilly, 5. Pieces.

52 La Terre Sainte gravée par Callot, 41 Pieces.

53 { Anciennes Statuës de Rome, par Laur. Vaccarius, foixante-dix-neuf Pieces.

54 { Dieux de la Fable, par Jacques Caralius, 1526. dix-neuf Pieces.

55 { Collection de l'Œuvre de Raymond de la Fage, avec fon Portrait en tête, quarante-fix pieces, gravées en partie par lui-même, partie par Ertinger, Vermeulen & autres.

56 { Deſſeins d'Eliſabeth Cheron, tirés de l'antique d'après des Cornalines & autres Pierres gravées, 21 pieces, premieres Epreuves.

57 Friſes de Brebiette & autres, 32 pieces.

58 Sujets & Portraits, par Cl. Mellan, trente huit pieces.

59 Portraits par Antoine Maſſon, 26 pieces.

60 { Portraits gravés par Suyderhœf, d'après pluſieurs Grands Maîtres, 23 pieces.

61 { Suite de la Collection de l'Œuvre des Viſſcher; Portraits & Sujets, 27 pieces.

62 { Portraits Etrangers de divers Peintres Flamands & autres, gravés par Paul Ponce, Lucas Vorſterman, Vandale, Spierre, &c. au nombre de 60 pieces.

63 { Triomphe de l'Empereur Maximilien & fon Portrait, gravés en Bois, par Alb. Durer, 9 pieces.

64 { Carrouſel & Fêtes célebres, au Mariage de l'Empereur Leopold, de Nic. Van-Hoy, gravés par J. Offenbeeck, 30 pieces.

65 { Fêtes de Rome, en cinq grandes pieces, gravées par Pietro Sante, &c.

66 { Fêtes au Mariage du Grand Duc, à Florence, (1637) du deſſein d'Alf. Parigius, gravées par Eſt. de la Belle, 8 pieces.
Fêtes du Louvre à Paris, inventées par J. Torelli, gravées par Silveſtre, 14 pieces.

67 { Ballet des Singes des Ours, des Autruches, &c. danſé devant le Roy, en 1645, à la Comedie de la Finta Pazza, contenant 19 pieces, y compris un Titre Hiſtorié, fait par Valerio Spada.
Carrouzel des Argonautes, ſur le Fleuve de l'Arne à Florence, pour le Mariage du Grand Duc, debité à Paris par Jean Sauvé, en 1664. dix-ſept pieces.

68 { Entrée du Comte de Caſtelmaine, Ambaſſadeur d'Angleterre à Rome, gravée par Arnoult Van Veſterhout, 15. pieces.
Couronnement du Roy Guillaume, Prince d'Orange, avec ce qui a précedé & ſuivi, par Romain de Hogue, 21. pieces.

69 { Triomphes de Loüis XIII. Roy de France, par Valdor, 149. pieces.

70 { Collection de l'Œuvre d'Edelinck, en Portraits & Sujets, 140. pieces.

71 Sujets de B. Picart, 29. pieces.

72 *Idem*, de Vatteau, 26. pieces.

73 { Portraits des Rois de France, gravés à Rome, ſur divers Monumens.
Idem, des Rois d'Eſpagne, ſur les Deſſeins de Pietro Aquila.
Idem, des Empereurs, ſur les Deſſeins de Ciro Ferri. Le tout au nombre de 305. pieces.

74 { Collection de grands & moyens Portraits & Sujets, gravés en la maniere appellée, *Noire*, par J. Smith, Bloteling, W. Faithorne, R. Williams, J. Bechett, &c. d'après Kneller, de l'Argilliere & autres Grands Peintres, contenant 79 pieces.

75 { Recüeil de Portraits de toutes grandeurs, par Hainzelman, Lombart, Pitaut, Natalis, N. Poilly, Morin & differens autres Graveurs, au nombre de 87 pieces.

76 { Portraits d'après P. Mignard, de Troy, Rigaud & Largilliere, par differens Graveurs célebres, 22. pieces.

77 { Autre Collection de grands & moyens Portraits, gravés par Van Schuppen, Vermeulen, Picart le Rom. Roullet, Pitaut, Drevet, &c. contenant 29. pieces.

78 { Portraits Etrangers, d'Empereurs, Electeurs & Princes d'Empire, Generaux des Armées, & gravés en Allemagne, par Meyssens, Lerch & autres Graveurs, 69. pieces.

79 { Vûës des Maisons Royales de France, d'Espagne, d'Italie, &c. avec quelques Paysages, par Perrelle, Langlois & Poilly, au nombre de 419. pieces.

80 { Les Maisons Royales & autres de du Cerceau, 140. pieces.
Les Menuiseries de Vriese, Impr. par les Visscher 40. pieces.

81 { Plans du Chasteau d'Anghien, & de ses Parcs, Jardins, Cascades, Fontaines, &c. par Romain de Hogue 20. pieces.

82 { Plans de l'Hostel de Ville d'Amsterdam, de ses Figures & Ornemens, par Artus Quellinus, & Joseph Van Campen, d'anciennes Epreuves, contenant 79. pieces.
Sept grands Plans particuliers des Foires d'Amsterdam & de la Haye, revûes des Troupes, du Palais de la Cour de Hollande à la Haye, &c. par les meilleurs Graveurs, 7. pieces.

83 { Les Palais, Jardins, Cascades de la Vigne Aldobrandine, avec la Fable d'Apollon, gravés à Rome d'après le Dominicain, par D. Barriere, 25. pieces.

84 { Paysages de Mathieu Merian, gravés par lui même, contenant (avec 26. pieces d'après Ant. Miruleus & 10. autres d'après Tempeste, des principales Actions d'Alexandre) 182. pieces.

85 { Paysages de Jean & Isaïe, Van Velden, Jacq. de Heyden, P. Basi & petites Chasses de Tempeste, 23. pieces.

86 { Oyseaux de la Menagerie de Versailles, par N. Robert, du Cabinet du Roy, 30. pieces.

87 { Plantes gravées par N. Robert, & L. de Chastillon, du Cabinet du Roy, 219 pieces.

88 Pacquet de Desseins de differens Maistres, 43. pieces.

89 Clair obſur & graveure en Bois, contenant differens ſujets de Bloëmart, Goltzius, Stella, l'Allemand & autres, par differens Graveurs, 84. pieces.

90 Clair obſcur, differens Sujets d'après Raphaël, Albert Durer, le Parmeſan, Le Guide, Ligoſſe de Veronne, H. Burgmair & autres anciens Maiſtres, deſſinés & gravés par Ugo da Carpo, Andrea Andriani, Barth. Coriolano, & pluſieurs autres qui n'ont pas marqué leurs noms, au nombre de 94. pieces.

91 Divers ſujets d'Hiſtoire, par Renatus, & Maſques par le même, 39. pieces.

92 Têtes & Figures grotesques de Maiſtre Roux, Leonard de Vinci, & du Breugle, 72. pieces,

93 Divers Ornemens inventez & gravez par differens Graveurs, 84. pieces.

94 L'inauguration de l'Empereur Joſeph ; la grande Synagogue d'Amſterdam, & autres Monumens publics de Hollande, par Romain de Hoghe , avec diverſes Cérémonies du Temple des Juifs, &c. le tout en 22. pieces.

95 Sujets, Vaſes, Ports de Mer , Marines , &c. de Hollar & Zelan, contenant 17. pieces.

96 Sujets anciens & modernes de Lucas Pennis, Beatricius, Otho-Venius, Le Guide, Bourdon &c. 19. pieces.

97 Recueil de differens Portraits & Sujets, gravés par Raph. Sciaminozzi, Vorſterman, L. Kilian, Latman, Neefs, & autres, 45. pieces.

98 *Idem*, de Pieces anciennes de Suavius, Battiſta Franco, Lucas Pennis, Roux, le Guerchin, Balth. Perutius, Paul Veroneſe, &c. gravés par Suavius même, G. Mantuan, Renatus, Gio. Batt. Vanni, Gilbert de Veni & autres , au nombre de 20 pieces.

99 *Idem*, de pieces anciennes & modernes, de Frederic Zuccaro, Raphaël, Domin. Campagnola, le Dominicain, Pierre de Cortonne, Le Sueur, & autres, gravées par Bertelius, Dufreſne, S. Le Clerc, Spierre &c. au nombre de 16. pieces.

100 Collection de differens ſujets gravés en Bois, par Albert Durer, Lucas Cranis, Joſeph Scolari, Sichem & autres, contenant 25. pieces.

ESTAMPES DE LEUR GRANDEUR
naturelle, rognées seulement.

101 { Les quatre Tableaux de l'Albane, gravés par Audran, 4. pieces. Sujets & Portraits de la Fosse, Santerre, Raoux & autres, par de bons Graveurs, 10. pieces.

102 { Les huit Tableaux des Batailles d'Alexandre & de Constantin, gravées par Audran, 8. pieces.

103 { Les quatre grands Tableaux d'Albane, gravés par Baudet, & ceux des Elemens par Dupré, 8. grandes pieces.

104 { Le Plat-Fond & autres Ornemens de la Gallerie de Saint Cloud, gravés d'après M. Mignard, par J. B. de Poilly, 18. pieces. Le devant d'Autel de la Chapelle, peint par le même, gravé par Loir.

105 { Chapelle de Michel-Ange, gravée par G. Mantuan, 6. grandes pieces.

106 { Les Saints Illustres des Pays-bas, gravés par Visscher, 20. grandes pieces.

107 { Plans, Elevations & Coupes de l'Hostel des Invalides, du Cabinet du Roy, 12. pieces.

108 { Six grandes Théses de M. Le Brun, & autres, avec plusieurs Vignettes, 15. pieces.

109 { Sieges de la Rochelle & de Breda, par Callot, d'ancienne Epreuve, 22. pieces.

110 { Triomphes de Jules Cesar, gravés à Rome, d'après André Manteigne, par R. Audenaer Gand. en dix grandes feuilles.

111 { Plans de plusieurs Bâtimens de Mer, par H. Sbonski de Passebon, 17. pieces.

112 { Carton rempli des differens Ornemens inventez par Berain, contenant 93. feuilles.

113 { Petites Conquestes, par S. Le Clerc, Chastillon, d'Olivar 16. pieces.

114 { Statuë du Roy, à l'Hostel de Ville, gravée par Ant. Coysevox; autre Statuë du Roy, son Entrée à Paris en 1600. & differens Plans, le tout au nombre de 25. pieces.

115 { Les 4. premieres Pieces de la Tapisserie de Maleagre, par B. Picart, avec Bordures, & 14. pieces de l'Escalier de Versailles nouvellement gravé.

116 { Grandes Pieces de Boulogne, Jouvenet, Coypel, Corneille & le Sueur au nombre de 13. pieces.

117 { Premieres Pieces de la Gallerie de M. le P. Lambert, avec les quatre premieres de la Tapisserie de Meleagre, sans bordures, le tout gravé par B. Picart, 9. pieces.

118 { Modes de France & des Cours Etrangeres ; Habits des Nations & de divers Etats ; par Saint Jean, Bonnart, Arnoult, Larmessin &c. 1084. pieces dans cinq Porte-feuils de carton.

119 { Discours de la Grotte de Versailles , des Tableaux & des Statuës du Cabinet du Roy.

FIN